LES CARBONARI

DÉVOILÉS,

OU

DISCOURS

Que M. de Marchangy , avocat-général , a prononcé pour soutenir l'accusation dans l'affaire dite de La Rochelle , à l'audience de la Cour d'assises , du 29 août 1822.

« Messieurs les Jurés,

» Une conspiration dont le but était de renverser le Gouvernement, devait éclater dans les murs de La Rochelle; déjà le jour et l'heure étaient choisis, lorsque les conjurés furent arrêtés, armés de poignards , que leurs sermens consacraient à des attentats.

» En procédant à l'instruction de cette affaire, les magistrats de La Rochelle y trouvèrent plus qu'ils n'y cherchaient. Au lieu d'un seul complot, ils découvrirent les preuves d'une société secrète dont les initiés, répandus en cent lieux divers, y préparaient à la fois, à l'aide des mêmes moyens, le succès des mêmes crimes. Ces magistrats purent également se convaincre que si le fil de ces trames nombreuses se déroulait en province, il partait de la capitale, et que si l'on trouvait ailleurs des agens corrompus, on ne trouverait qu'à Paris les agens corrupteurs. Ils y ont donc renvoyé le procès, et une triste compétence fut infligée à cette Cour. Mais quel contraste nous présentent l'accusation et les accusés! Préoccupés de l'idée d'une conspiration hardie et d'un bouleversement général, nous cherchons sur ces bancs de puissans instigateurs, des hommes dignes, par la séduction de leur oppulence, ou le bruit de leur renommée, d'aspirer aux promotions de la révolte, d'obtenir les courtes faveurs d'une révolution, d'exploiter à leur profit nos divisions intestines; et cependant, que voyons-nous ici? des êtres obscurs, des jeunes gens égarés, des soldats sans nom..... Que pouvaient-ils donc par eux-mêmes? Rien! s'écrient leurs défenseurs! S'il est vrai, Messieurs, que les accusés n'aient rien pu tenter d'eux-mêmes, leur propre insuffisance sera la première démonstration d'une vérité qui couvrira toute la discussion de sa lumière, c'est qu'ils faisaient partie d'une association flagrante dont la force était dans le nombre de ses adeptes et dans la mystérieuse impulsion qui les faisait mouvoir. Fanatiques instrumens d'une volonté étrangère, ils ne pouvaient rien isolément; ils pouvaient beaucoup sans doute, concourant à une action simultanée; et lorsqu'on voit les criminels projets de La Rochelle coïncider avec ceux de Belfort, de Saumur, de Brest, de St.-Malo, de Nantes, de Thouars, de Strasbourg, on devine comment, sans un crédit notoire, sans une haute capacité personnelle, des individus auraient pu accomplir de sinistres vœux, et comment tant de faibles roseaux auraient, en s'unissant par un lien commun, formé le sanglant faisceau des décemvirs.

» Pour prononcer sur l'un de ces complots, il faut donc, en quelque sorte, que vous connaissiez tout leur ensemble, il faut suivre les traces des affiliations ténébreuses qui minent sourdement l'État, et qui, si la justice n'avait point éventé leurs élémens destructeurs, eussent révélé leur existence par le ravage d'une explosion.

» Ainsi, le procès actuel, bien qu'au fond il ne vous offre à statuer que sur les faits de La Rochelle, s'agrandit de tout l'intérêt attaché à la découverte d'un vaste plan d'insurrection. Il vous montrera les sectes révolutionnaires arrachées à l'ombre qui les cachait, et traînées avec leurs attributs, leurs signes, leurs devises et leurs couleurs, à la barre de la France, ou plutôt de l'Europe entière !

» Oui, l'Europe entière est attentive à des débats où elle cherchera l'explication des troubles qui la tourmentent, l'origine des partis qui la divisent ; elle y apprendra peut-être comment vingt nations qui diffèrent ensemble par leur civilisation, leurs mœurs, leurs besoins et la forme de leurs gouvernemens, ont néanmoins éprouvé à la fois les commotions du même délire, reçu les mêmes conseils, les mêmes instructions et entendu proclamer les mêmes doctrines et les mêmes textes de rebellion.

» Il serait aussi monstrueux de voir des arbres de diverses natures porter des fruits pareils, que de voir des peuples qui n'ont, par leur position sociale, aucune analogie entr'eux, manifester spontanément des systêmes et des prétentions semblables.

» Les révolutions actuelles ne sont donc point innées, elles sont apprises, et la même leçon, circulant du Nord au Midi, explique la conformité de tant d'erreurs.

» Voilà pourquoi Naples, si heureuse de ses beaux arts, des bienfaits de son ciel et de la mansuétude de ses Bourbons, s'étonna d'entendre ses propres enfans répéter mot pour mot le langage des vétérans de nos discordes civiles ; voilà pourquoi l'Espagne, que sa superbe et dédaigneuse ignorance, que son fanatisme héroïque et son culte pour ses traditions premières, devaient préserver des sophistes, s'indigne de voir un ramas de perturbateurs affamés du régicide, et copistes serviles des excès de 93 ; voilà pourquoi l'Allemagne, qui tant de fois eut à maudire nos révolutions contre lesquelles ont protesté ses armes, sent avec effroi leur poison se glisser jusqu'au cœur de sa jeunesse ; voilà pourquoi le Piémont, qui bénissait les races patriarchales de ses vieux princes, et qui, rendu à des coutumes héréditaires qu'il ne cessa de regretter, n'avait plus aucun vœu politique à former, a frémi de voir, du milieu d'un règne paisible, s'élancer l'anarchie tout armée ; voilà pourquoi la Grèce, qui avait presque usé ses fers en les portant depuis des siècles, bénit tout-à-coup l'avis de sa servitude, et pourquoi, induite en insurrection, elle appéla sur elle-même l'implacable vengeance d'un maître qui s'était endormi ; tels sont les déplorables résultats des principes colportés par les promoteurs du désordre, par les envoyés de la révolte, eux qui ne veulent point souffrir que les missionnaires d'une religion de paix et de concorde aillent restaurer de la parole de vie des mœurs énervées et une foi mourante ; eux qui désirent étouffer, dans le bruit de leurs déclamations intolérantes, la voix des apôtres de notre croyance ; tandis que, se faisant un privilége exclusif du prosélytisme, ils vont afficher, depuis les Apennins jusqu'au Bosphore, et depuis Lisbonne jusqu'aux bords de l'Orénoque, l'enseignement et les programmes de la sédition.

» Effrayés de ces insurrections si rapidement improvisées, les gouvernemens ne sont occupés qu'à prévenir les progrès du mal universel.

» L'Angleterre , qui ne doit sa prospérité qu'à son respect pour ses institutions antiques, renouvelle l'*alien-bill*, pour que la contagion ne pénètre pas dans ses foyers ; des congrès de souverains consultent sur cette épidémie morale ; la crainte d'être surpris par l'ennemi commun éteint chez eux l'esprit de conquête. Vaincre la révolution leur semble désormais la plus désirable victoire.

» Pourrons-nous maintenant sans douleur reporter nos regards sur nous-mêmes, et envisager nos dangers après avoir sondé les plaies du reste de l'Europe ? A Dieu ne plaise que nous désespérions de la patrie dont les convulsions momentanées sont peut-être moins un indice de sa faiblesse , qu'un vicieux emploi de ses propres forces , et qui , selon l'habileté d'un profond législateur , pourrait voir tourner au profit de sa félicité et de sa gloire ce qui fait aujourd'hui son inconstance et ses périls ! Toutefois , on ne peut se le dissimuler , la France est infectée de principes délétères , et incessamment travaillée par des machinations perfides, soit que le règne paternel des Bourbons , succédant au vigilant despotisme du précédent gouvernement, ait, à force de contraste, paru incompatible avec l'idée d'une répression sévère ; soit que trop long-temps privé de liberté , et en ayant perdu l'usage , on l'ait prise pour la permission de mal faire et la garantie de l'impunité ; soit que la transition d'un régime à l'autre ait envenimé les regrets, ait armé les ressentimens, ait aigri les prétentions trop souvent confondues avec les droits ; soit que l'anarchie des ambitions et les saturnales de la fortune aient fait sortir toutes les classes de leur repos, comme de leurs conditions, pour les précipiter vers des honneurs qui vont les satisfaire un jour et les agiter toute la vie ; soit enfin que nulle institution n'ait été profondément creusée au milieu de nous pour absorber ce déluge, pour purifier les lumières et pour laisser déposer les passions.

» Et d'ailleurs la France, marchant la première à la tête de la civilisation, ne court-elle pas le risque d'arriver aussi la première à ce rendez-vous de l'abîme, où les peuples aboutissent, lorsqu'ayant échangé les vertus pour les connaissances, les mystères pour les découvertes, et l'instinct pour le raisonnement, il ne leur reste, au lieu d'illusions, que les métamorphoses de l'erreur ou les caprices du dégoût ?.... Ainsi périrent les nations de l'antiquité ; mais espérons qu'un pareil anathême n'éclatera pas sur les nations modernes. Elles ont ce que n'avaient pas leurs aînées pour prévenir l'entière corruption. C'est la religion qui a donné à la terre le secret de faire fleurir éternellement les sociétés des hommes, et qui trouve jusque dans leurs égaremens un moyen de les ramener à la vérité. Déjà la France, malgré l'effort d'une secte impie, ressent cette merveilleuse influence. Étudiez ses goûts , ses penchans , ses souvenirs de prédilection , vous la verrez exprimer le vague désir d'une régénération morale , et se placer d'elle-même à l'ombre des pouvoirs légitimes. Aidons-la dans ce mouvement généreux ; protégeons cette heureuse disposition à la convalescence de la patrie ; prévenons ses rechutes, et ne souffrons pas qu'elle retombe sous le souffle mortel des anarchistes. L'un des remèdes les plus salutaires, qui puissent hâter sa guérison , celui qu'il vous appartient d'appliquer en ce jour , c'est une justice intrépide , c'est le triomphe des lois , c'est la fermeté des gens de bien. Vous en donnerez un éclatant exemple dans la cause qui vous est soumise , et dont il est temps de vous exposer les faits.

» Les sociétés secrètes sont des ateliers de conspiration ; leur origine est ancienne , mais elles furent , pour ainsi dire, en permanence depuis 1815, car l'effronté succès du 20 mars les avait accréditées et mises en réputation. A cette époque , l'usurpation (et ce fut là son plus odieux forfait) appela à son secours la démagogie, qui vint assister à ses derniers momens pour hériter de ses dépouilles. Furieuse de ne pouvoir s'en emparer et de faire place à la légitimité , elle jeta des brandons de discorde en France , et fit un appel aux générations présentes et futures ; dès-lors elle eut un parti au milieu de nous. La police du temps

découvrit successivement, sans en compter beaucoup d'autres dont elle n'eut pas connaissance,
les sociétés de l'*Épingle noire*, celle des *Patriotes
de* 1816, celle des *Vautours de Bonaparte*, celle
des *Chevaliers du soleil*, celle des *Patriotes européens réformés*, celle de la *Régénération univer-
selle*. Toutes ces sectes s'accordaient sur le but de
leur institution ; c'était de former une ligue des
peuples contre l'autorité légitime et légale ; c'était
de conquérir la licence à main armée, pour la
faire asseoir sur les débris des trônes et des autels.
Brochures, discours, pétitions, adresses, litho-
graphies, souscriptions, réimpressions de mauvais
livres, distribués à vil prix ou gratuitement jusque
dans les hameaux ; tout, depuis certaines éditions
compactes jusqu'à certains couplets, depuis les
cris séditieux jusqu'aux toasts, pouvait en effet
concourir plus ou moins à ce but. On s'entendait
si bien, que l'on concerta de vastes conspirations ;
celles qui se tramèrent en 1816 à Paris et dans les
départemens de l'Isère, du Rhône et de la Sarthe,
prouvent que déjà il y avait accord, permanence
et unanimité. Cependant, les perturbateurs
n'avaient pas encore imaginé de faciles moyens de
correspondre ; ils n'avaient pas encore discipliné
l'esprit d'insurrection et organisé le désordre ; en
un mot, ils ignoraient comment on peut admi-
nistrer la sédition, et en faire en quelque sorte un
département à portefeuille. Voilà ce qu'ils appri-

rent en 1820 , par leur affiliation à la secte des *carbonari*.

» Cette secte , émule de la franc-maçonnerie , empruntait ses allusions et ses symboles au métier des charbonniers. Depuis long-temps occupée d'un plan favori de révolution , elle catéchisait secrétement l'Italie. Dès 1819 elle était parvenue à s'introduire dans nos départemens de la Corse. Un nommé Guérini y fut poursuivi juridiquement pour avoir tenté d'assassiner un individu chargé par l'autorité de surveiller les sociétés de *carbonari*, qui se multipliaient d'autant plus que le Gouvernement s'abusait alors sur leurs intentions et leur nombre. Il résulte d'une correspondance officielle, que le ministère d'alors ne jugea pas important de les traduire devant les tribunaux, attendu, disait-il , *que ces poursuites décèleraient une crainte que de pareilles sociétés ne peuvent inspirer sous une forme de gouvernement où les droits du peuple sont reconnus et assurés.*

» Ce motif plein de candeur toucha si peu les factieux , que bientôt la *charbonnerie* grandit sur un plus vaste théâtre et envahit presque toutes nos provinces. En effet , lorsque les insurrections napolitaines et piémontaises eurent mis en lumière les *carbonari* , ceux-ci , qui devaient le fond de leurs principes aux révolutionnaires français, ne purent leur refuser les formes et les statuts de leur association : on ne tarda point à s'entendre , et les émissaires des *carbonari* d'Italie vinrent faire hommage à la conspiration permanente, des secrets de leur organisation.

» Aux termes de leurs réglemens adoptés à Paris , les *carbonari* sont divisés en petites réunions appelées *ventes*. Ils ont des ventes particulières , des ventes centrales , de hautes ventes , et une vente suprême confondue dans une mystérieuse profondeur , avec une espèce de comité constitué en gouvernement provisoire. Les ventes particulières sont le premier degré de l'association ; on ne peut y être reçu que sur la présentation d'un certain nombre de *carbonari* qui répondent , *sur l'honneur* , des bons sentimens du candidat. Il faut , en outre , que ce candidat , à moins qu'il ne soit militaire à demi-solde ou en retraite, justifié de sa haine pour le Gouvernement légitime. De même qu'on exigeait en 93 de celui qui réclamait un certificat de civisme qu'il eût coopéré aux journées du 14 juillet et du 10 août , de même on demande à ceux qui postulent la *charbonnerie* , où sont leurs brochures séditieuses , et de quels attroupemens ils ont fait partie.

» Les candidats qui , sans remplir les conditions imposées , méritent néanmoins des encouragemens ; et tous ceux qui ne sont pas assez expérimentés , sont ajournés et classés comme apprentis et novices dans des Sociétés qu'on peut considérer comme les avenues de la charbonnerie , et qu'on

nomme les Sociétés des *Amis de la liberté*. Ces Sociétés préparatoires sont , en sens inverse , des
espèces de lazarets où les néophites se guérissent
de leurs scrupules et d'un reste d'innocence. Quand
le temps d'épreuve est passé , ils sont initiés aux
ventes particulières. Chacune de ces ventes se com-
pose d'un nombre au-dessous de vingt membres
ou *bons-cousins* : elle a un président , un censeur
et un député. A-t-elle atteint le nombre convenu?
on en forme aussitôt une nouvelle. Les députés
de dix ventes particulières composent une vente
centrale , et chaque vente centrale a elle-même un
député qui communique avec la haute vente ; de
manière que les ventes particulières ne touchent
aux ventes centrales, et les ventes centrales à la
haute vente que par un intermédiaire. Les membres des différentes ventes restent donc étrangers
les uns aux autres , et ne peuvent correspondre
qu'au moyen des députés seuls initiés aux relations
d'une vente à l'autre.

» Les carbonari ont cherché d'autres garanties
de la discrétion des affiliés dans le serment qui leur
est imposé. Le récipiendaire jure de ne pas cher-
cher à connaître les membres de la vente suprême,
et de ne pas révéler , sous peine de mort, les secrets qui lui seraient confiés. Lorsqu'un membre
a manqué à ce dernier point de son serment, il
est jugé par la haute vente , et un des *bons-cousins*
est désigné pour le frapper. Afin d'accomplir cette

mission sanguinaire, ou d'exécuter tout autre forfait commandé par la haute vente, des poignards
sont remis gratuitement aux carbonari. On n'a
point oublié que l'origine de leur institution n'est
point française. Pour épaissir encore mieux les
ombres qui les couvrent, les carbonari n'écrivent
rien, ils se transmettent tout oralement, soit
entr'eux, soit de province à province, par l'entre-
mise d'une foule de bons-cousins qui, sous le titre
apparent de commis-voyageurs, se transportent,
aux frais de la Société, sur tous les points où les
appellent les ordres du comité directeur. Ces agens
vagabonds ont, pour se faire reconnaître des chefs
des ventes près desquels ils sont envoyés, une
moitié de carte bizarrement découpée, et qui doit
s'adapter à l'autre moitié envoyée par le comité
directeur à ces présidens de province. Les carbonari ont en outre des mots d'ordre, des mots de
passe, des mots sacrés ; ils ont des saluts et des
signes de reconnaissance particulière ; ils ont des
attouchemens mystérieux, soit en indiquant le
cœur avec l'index, comme signe interrogateur, soit
en se prenant la main de manière à former tantôt
un C, et tantôt un double N, emblême du père
et du fils. Les mots d'espérance et de foi, jetés
comme par hasard dans un entretien ; le mot de
charité, articulé ensuite par syllabes séparées que
se partagent les interlocuteurs en les proférant
tour-à-tour, sont aussi les préambules de toute

ouverture entre les *bons-cousins*. Chaque vente ouvre un livre noir sur lequel sont tracés les noms proscrits. Plus tard il pourra servir à l'action d'une nouvelle loi des suspects.

» Les obligations et le but des *carbonari* sont premièrement d'obéir aveuglément aux ordres souverains, intimés par la haute vente, ou, selon l'expression vulgaire, par le comité directeur dont il n'est pas permis de chercher à pénétrer le sanctuaire, et scrupuleusement de tout entreprendre pour conquérir la liberté à main armée, c'est-à-dire, pour renverser le gouvernement actuel. Ainsi, par une contradiction assez étrange, les amis de la liberté s'engagent à déférer, sans examen, aux ordres de sang qu'il plaira de leur donner; en telle sorte qu'au nom de la liberté ils se font les transfuges des lois et des vertus sous l'empire desquelles ils étaient vraiment libres, pour se faire les esclaves du crime et les superstitieux instrumens d'une ambition voilée. C'est pour aspirer à ce honteux avilissement qu'ils doivent, aux termes de leurs statuts, préférer leurs frères d'adoption à leurs propres frères, et se munir de leurs deniers, d'un fusil et de 25 cartouches. En outre, ils versent 5 francs lors de leur admission et 1 fr. par mois. Ces sommes, qui deviennent considérables, parce que des rapports qui, nous le verrons bientôt, sont loin d'être exagérés, portent le nombre des carbonari à plus de 60,000 en France; ces sommes, disons-nous, sont versées aux ventes centrales, qui en tiennent compte aux caisses de la vente suprê-me, d'où elles vont fructifier dans les opérations de la banque ou de la bourse, avec le produit des quêtes, des souscriptions, des donations volon-taires, et avec les fonds secrets, dont il ne nous appartient point ici de scruter l'origine.

» Telle est la foi et hommage du ban et de l'ar-rière-ban des vassaux révolutionnaires ; telles sont les redevances, les corvées, les dîmes, les pres-tations stipulées dans cette nouvelle féodalité, plus humiliante, plus odieuse mille fois que celle contre laquelle on ne cesse de déclamer, bien qu'elle soit à jamais ensevelie, depuis des siècles, dans la pous-sière de ses vieilles châtellenies. Là, du moins, on ne se servait point de poignards ; là, le feudataire ne refusait pas de partager les dangers où il con-duisait vaillamment ses fidèles ; là, on ne s'enga-geait point, par d'exécrables sermens, à répandre le sang d'un frère pour des tyrans cachés, pour de lâches rhéteurs, dont le premier soin est d'obli-ger les malheureux qu'ils égarent à ne pas cher-cher à les connaître, et néanmoins à mourir pour leur obéir. Fut-il jamais un fanatisme aussi insensé, une servitude aussi révoltante ? Dans les associa-tions les plus abjectes, parmi les brigands et les corsaires, les chefs combattent à la tête de leurs compagnons, leurs risques sont communs ; ils ont également à redouter les poursuites de la justice ; ils marchent de front à l'échafaud , ils tombent ensemble dans l'abîme qu'ensemble ils ont creusé ; mais cette égalité n'est pas la règle des seigneurs de la vente suprême , de ces privilégiés de l'anarchie, qui, du fond de leur comité invisible, prennent leurs sûretés contre les chances auxquelles ils exposent leurs séides. « Allez, leur disent-ils, dans l'insolence de leur aristocratie républicaine, allez tenter pour nous les hasards d'une insurrection, allez moissonner pour nous sous les coups de la tempête que nous avons allumée, tandis que nous attendrons à l'abri que vous ayez frayé un facile accès à notre pouvoir ; nous paraîtrons au signal de vos succès , nous irons vous secourir dans vos triomphes ; si la vigilance des tribunaux déconcerte votre entreprise, nous signalerons aux haines populaires , les magistrats liberticides appelés à vous juger ; nous ferons de leur devoir un péril , et de leur impartialité un titre de réprobation; nous les tiendrons à l'étroit entre la crainte du libelle et celle du poignard. Si vous succombez dans une aggression tumultueuse, nous vous érigerons à grand bruit des tombeaux dont le deuil hostile et les souscriptions séditieuses braveront encore l'action des lois; nous ferons sortir des étincelles de votre cendre agitée , nous sourirons aux larmes commandées pour vos funèbres anniversaires , et nous irons même jusque dans le temple d'un Dieu de paix chercher des occasions de troubles et des prétextes de vengeance.

» Voilà, MM. les jurés, voilà le sens du pacte monstrueux proclamé par les proconsuls de la sédition.

» On a vu jadis dans l'Orient, un prince, nourrir autour de lui un essaim de jeunes fanatiques, prêts, au moindre geste de leur maître, à se donner la mort ou bien à la donner aux autres. Tout horrible que fût leur dévouement, on le concevait néanmoins ; car, dans leur pieuse erreur, ils croyaient mériter le ciel. Ici, au contraire, les despotes de la vente suprême, les conservateurs de la révolution ne promettent que le néant à leurs adeptes. L'athéisme est une des pages de leur code ; *guerre à la religion*, est un de leurs commandemens.

» Il faut le répéter avec indignation et surprise, oui, voilà le pacte qui fut proclamé en France, et qui fut consenti par une multitude d'êtres égarés.

» La contagion fut si rapide, que dans le cours de 1821, trente-cinq préfets dénoncèrent à la fois des sociétés de *carbonari* organisées sur plusieurs points de leurs départemens. Paris comptait dès-lors plusieurs centaines de ventes, ayant entr'elles diverses dénominations, telles que *la Victorieuse*, *la Sincère*, *la Réussite*, *la Bélisaire*, *la Westermann*, *les Amis de la Vérité*, etc., etc. Toutes ces ventes relevaient de la vente supérieure, qui bientôt voulut faire un essai de ses forces. Les troubles de juin et la conspiration du 19 août 1820 doivent être, en effet, considérés comme les pre-

mières campagnes régulières des carbonari français. A ces deux époques, l'or fut répandu avec
profusion. On sait qu'il gagna la plupart des individus condamnés dans l'affaire du 19 août; et
la secte poussa la sollicitude à leur égard, jusqu'à
leur assurer une paie durant tout le cours de leur
détention. Quant aux troubles du mois de juin
précédent, ils durent également induire le comité
supérieur en des dépenses excessives; car il est
de notoriété que dans ces attroupemens séditieux,
il y avait, outre les *carbonari* et les volontaires,
quelques troupes soldées, que l'on payait non-
seulement à bureau ouvert, mais encore en plein
air et même dans la foule, où de simples curieux
risquèrent de recevoir un salaire qu'ils eussent
rougi de mériter.

» L'issue de l'accusation déférée à la Cour des
pairs, ne fut pas tellement décourageante, qu'elle
dût à jamais rebuter les conspirateurs; et comme
dans l'intervalle ils avaient encore étendu les rami-
fications de leur secte, ils se trouvèrent si nombreux, si riches, si bien enrégimentés, grâce à
l'organisation perfectionnée des carbonari, que le
comité directeur devint une sorte de gouvernement occulte, précisément à l'époque où, pour
donner le change, il favorisait lui-même l'idée
d'un pouvoir occulte qui, à l'entendre, existait
parmi les royalistes.

» Nous disons, Messieurs, que le comité directeur devint un gouvernement occulte, et cette expression est vraie dans le sens le plus positif, puisque durant le cours de 1821, et même dans le cours de cette année, il déploya les ressources et prit l'attitude d'une puissance qui a des trésors, des ambassadeurs, des sujets et des armées. Pour continuer le récit des faits (les preuves viendront ensuite), nous citerons au hasard quelques-uns de ses actes, de ses ordres du jour, de ses décrets suprêmes; quelques traits de sa police, de son administration, de sa diplomatie. Ainsi, par exemple, en décembre dernier, il reçoit un envoyé des révolutionnaires espagnols, et lui promet plusieurs mille hommes. Une foule de *carbonari* français partirent en effet à cette époque, afin de secourir leurs frères de la *Fontaine-d'Or*, pour ensuite revenir ensemble sur les frontières de France, déployant le drapeau tricolore, enrichi d'un fléau de plus, la peste et ses horreurs. A leur passage, ces auxiliaires de la *Tragala* infectèrent le cordon sanitaire d'une foule de libelles et de chansons injurieuses aux Bourbons. En passant à Pau, quelques-uns d'entr'eux attachèrent furtivement à un arbre de la promenade publique une pancarte, où le lendemain les habitans lurent ces mots : « *Devise* » *des Français.* Constitution nationale acceptée par » le peuple français, *Honneur, Patrie.* Une consti- » tution nationale est un contrat entre le peuple » et le chef de l'État; elle doit être consentie par

» les deux parties qu'elle oblige, non-octroyée
» par l'une d'elles. De ce principe de la souverai-
» neté des nations découle cette conséquence, que
» la source de tous les pouvoirs de l'organisation
» sociale émane du peuple, qui les distribue en
» différentes branches dans la constitution sou-
» mise à son acceptation ; car sans cette accepta-
» tion, il n'y aurait pas de constitution, mais bien
» usurpation sur la souveraineté du peuple. Ainsi,
» pour le redire, la devise des Français est : Cons-
» titution nationale acceptée par le peuple, ou
» *Honneur* et *Patrie*. Vive la nation française ! »

» Ce beau manifeste, rédigé par les commis des
publicistes de la haute *vente*, ne fut guère compris des fidèles Béarnais, qui, après l'avoir lu,
crièrent : *Vivent les enfans d'Henri IV* !

» Mais poursuivons l'examen des actes du gouvernement occulte. En décembre dernier, il
s'opéra un virement des fonds de la banque du
comité qui produisirent gain de plusieurs millions.
Le 1.er mars, ordre du jour qui recommande aux
carbonari de s'exercer au maniement des armes.
Le 6 mars, décret portant qu'il sera formé un
comité d'action militaire, composé de trois *carbonari*, lequel comité sera spécialement chargé de
se procurer des armes et d'établir des dépôts.
Le 11 mars, création, sous le nom de *bataillon
sacré*, d'un corps de 500 jeunes *carbonari* d'élite,
pour être employés ensuite comme officiers, dans

le cas d'un soulèvement général. Le 13 mars, discussion à l'effet d'introduire la charbonnerie à
Vincennes, et de gagner une compagnie d'artillerie
de la garnison, pour s'emparer du château avec
1800 *carbonari*. Le même jour, les *ventes* demandent à agir dans la crainte d'être devancées par
le bataillon sacré. Le 15 mars, le comité-directeur
apprend la découverte de plusieurs complots dans
l'Ouest, reconnaît qu'il serait superflu, quant à
présent, de prolonger le mouvement insurrectionnel qu'il avait préparé à l'occasion des missionnaires, et rend un ordre du jour ainsi conçu :

« Nous défendons à nos chers cousins d'exciter
aucun attroupement et de résister à la force armée.
Une ordonnance de police devant prescrire le
dépôt des armes de guerre, nous enjoignons de
les cacher soigneusement. »

» Le 16 mars, autre ordre du jour, portant que
le général Berton a échoué par trop de précipi-
tation et par la faiblesse des habitans de Thouars ;
mais que la troupe est prête, et que les carbonari
doivent attendre les ordres pour agir. En avril, suite
des précédentes discussions sur le choix du gouvernement qu'il conviendra de substituer au gouvernement légitime. Trois systêmes différens sont
tour-à-tour plaidés avec chaleur, et l'on arrête qu'il
faut commencer par détruire ce qui existe, sauf
ensuite au gouvernement provisoire à consulter
le peuple sur les choix de ses nouveaux maîtres.

« Tous ces faits, que nous pourrions multiplier à l'infini, ont un caractère si étrange, qu'on hésite d'abord à les accueillir, et qu'on les croit moins propres à figurer dans l'histoire de nos jours, que dans les sombres aventures des flibustiers ou des francs-juges. Et d'ailleurs, il faut l'avouer, ces faits auraient une apparence moins romanesque, moins extraordinaire, qu'on n'y croirait peut-être guère davantage. Dans tous les temps l'incrédulité s'est interposée entre les catastrophes politiques et les peuples qui en étaient menacés. Cette fatale propension à l'incurie s'explique aisément; car, d'une part, les systêmes, les vagues projets des partis ne sont pour le vulgaire, incapable d'en calculer les conséquences, que des élémens abstraits, dont l'imagination ne saurait redouter les résultats, parce qu'elle ne les conçoit point. La crainte, qui ne s'arrête qu'aux résultats, glisse donc sur les théorics politiques, et l'on ne déplore qu'après l'événement ce qu'elles ont de calamiteux. Peu de personnes ont compris 89; mais quel cœur humain n'a pas gémi sur les crimes de 93, qui n'en étaient que les conséquences immédiates? D'une autre part, il est d'autant plus difficile de prévoir une révolution, que chacun a secrétement un motif pour s'abuser soi-même ou pour abuser les autres. Ceux-là ne veulent pas croire au mal, parce qu'ils ne veulent pas s'alarmer; ceux-ci, parce qu'ils ne savent pas y remédier.

Les uns se soucient peu d'y croire, parce qu'ils
ne le voient pas tellement proche qu'ils puissent
avoir à le redouter pour eux-mêmes ; les autres ne
veulent point qu'on y croie, parce qu'ils ont des
raisons pour le laisser arriver. L'égoïsme, l'insou-
ciance, la faiblesse et la trahison ont donc un
intérêt dans l'incrédulité. Et alors même que l'on
croirait à un mouvement politique, chacun trouverait encore dans cette conviction des prétextes
de caresser son indolence, en s'imaginant, ce qui
est une funeste erreur, que les événemens publics
ne l'atteindront pas dans ses intérêts particuliers.
Aussi, dans tous les temps précurseurs des crises
politiques, des voix fortes et généreuses ont-elles
souvent en vain gourmendé la léthargie des états
et retenti à l'oreille des peuples endormis sur
le bord du précipice. Pour ne parler ici que de
nos propres malheurs, n'a-t-on pas vu le 20 mars
arriver sur la France, qui, assoupie dans un scep-
ticisme fatal, ne se réveilla qu'au bruit de la foudre,
stupéfaite d'un événement qu'elle n'avait pas cru
possible, malgré des avertissemens manifestes.

» Cessons donc de dédaigner les avis de la Pro-
vidence, n'aliénons point l'avenir social pour un
misérable repos viager ; et loin de nous flatter sur
l'état moral de la patrie, sondons courageusement
ses plaies, pour que ceux qui veillent à son salut
puissent travailler à sa guérison, et la ramener
enfin à une plénitude de vie et de gloire qu'elle

a le droit d'attendre encore, puisqu'elle a encore la force d'en sentir le besoin.

» Nous avons dénoncé une conspiration, que depuis long-temps la voie publique a qualifiée de permanente; nous vous avons appris comment cette conspiration était ourdie par un comité directeur, agissant sur des sociétés secrètes. Il faut maintenant vous en donner les preuves. Si nous parlions ailleurs que dans une cour d'assises où les preuves doivent avoir en quelque sorte plus d'évidence qu'il n'en faut à la conviction, serait-il donc besoin de tant d'efforts pour démontrer l'existence de ce comité directeur; nom devenu en quelque sorte populaire, nom inventé spontanément, dont la commune renommée a déterminé la valeur, et que chacun a de suite compris, parce que la chose existant avant le nom, il fallait bien la nommer pour qu'on pût interpeller l'influence secrète et malfaisante qui s'était décelée à ses propres œuvres.

» Eh ! qui donc, en effet, aurait pu méconnaître l'action d'un comité directeur dans cette tactique soutenue, où les plus simples découvrent un plan concerté par des chefs, et suivi docilement par des agens subalternes; dans ces joies prophétiques, dans ces espérances menaçantes, dans cette arrogance prématurée qui devancent de quelques jours les nouvelles fâcheuses pour les gens de bien , et favorables pour les méchans;

dans cette alternative de repos et d'agitation
à laquelle se soumettent les factieux , selon qu'ils
sont surveillés ou déjoués , afin d'endormir ,
par leur inaction momentanée, la vigilance de
l'autorité; comme ces malfaiteurs nocturnes qui,
craignant d'être trahis par le bruit de l'effraction,
suspendent et reprennent tour-à-tour leur œuvre
criminelle? Qui aurait pu douter de ce comité
dictateur en rapprochant telle pétition , tels articles, telle brochure, tels rassemblemens, et telles
versions mensongères de tels et tels événemens se
passant à quelques cents lieues de la capitale, et
encore ignorés de tous ceux qui n'en étaient pas
les complices? Qui aurait pu douter de son existence lorsque, pour ainsi dire, il nous enveloppe
dans son atmosphère, et qu'il exhale de toutes
parts les preuves d'une alliance méthodique et
raisonnée, d'une solidarité immense, d'une assis-
tance pécuniaire et déclamatoire; lorsqu'enfin les
fils d'une trame qui couvre la France et plusieurs
peuples entiers, furent souvent rompus et toujours
renoués avec une incroyable persévérance?

» Mais, nous le répétons, ces preuves morales
ne suffisent point à des jurés; nous n'en cherche-
rons pas non plus dans des rapports officiels ou
dans la correspondance des autorités locales, dont
la lecture éterniserait cette audience. Les preuves
que nous vous donnerons seront irrécusables,
puisque les principes judiciaires les placent au premier rang; nous voulons parler de la chose jugée,

des aveux des accusés eux-mêmes, des pièces trou-
vées en leur possession : telles sont en effet les
hautes preuves qui découlent des procédures criminelles suivies à Aix, à Belfort, à Strasbourg,
à Tours, à Poitiers et à Paris, à l'égard de l'affaire
de La Rochelle, qui vous est spécialement attri-
buée ; preuves dont la réunion, établissant jusqu'au
dernier degré de lumière tous les faits que nous
avons articulés, et beaucoup d'autres non moins
remarquables, formeront un foyer de conviction,
où les consciences les plus rebelles à l'ascendant
de la vérité sentiront enfin se dissiper leur in-
certitude. »

Nous regrettons que la discussion dans laquelle
est entré M. de Marchangy excède les bornes que
nous nous sommes prescrites : nous aurions aimé
à le suivre dans le développement progressif des
preuves judiciaires qu'il tire, à l'appui de toutes
ses assertions, des procès intentés par suite des
complots simultanés de Belfort, Toulon, Saumur,
Nantes, Bayonne, etc., etc. Après cette intéres-
sante discussion, M. l'avocat-général continue en
ces mots :

« Vous avez vu comment tous les complots pré-
parés pour le mois de janvier dernier avaient manqué leur effet. Le comité directeur sera-t-il enfin
découragé par ce peu de succès ? Non, Messieurs,
vous allez le voir conspirer encore. Et pourquoi
se serait-il avoué vaincu ? N'avait-il donc pas tou-

jours des ressources immenses dans la publicité
de ses principes séditieux, qui, exerçant sur les
générations européennes une sorte de conscrip-
tion odieuse, fait passer chaque année, chaque
jour dans les rangs de la faction une foule d'êtres
égarés? Pourquoi se fût-il avoué vaincu? N'avait-il
pas toujours pour auxiliaires le besoin de parvenir
à tout prix, le mépris des devoirs sociaux, l'abolition des respects humains, la défiance et l'insu-
bordination envers les autorités paternelles et
protectrices, la présomption d'une jeunesse prématurée, rejetant, avec une dérision bruyante,
l'expérience qui coûte si cher et dont on profite
si peu! N'avait-il plus des intelligences dans notre
propre camp? N'était-il plus servi en secret par
l'indulgence irréfléchie des citoyens, même les
plus fidèles, indulgence aussi éloignée d'une véritable modération, que l'exagération, qui n'est que
la colère de la faiblesse, est éloignée de la véritable
force? N'avait-il plus dans ces intérêts une philanthropie imprudente et toutes ces fausses vertus du
siècle, qui blâment l'énergie comme de l'exaltation,
et qui conseillerait de capituler à la victoire elle-
même? Ne pouvait-il plus compter sur l'inaction
des bons et l'activité des méchans? Pourquoi enfin
se serait-il confessé vaincu? avait-il perdu ses
trésors? lui avait-on enlevé ses chefs? était-il étroi-
tement cerné, ou bien l'avait-on réduit, par un
avantage décisif, à résigner son insolente souve-

raïneté ? Non ; il était encore la puissance du mal
comme la légitimité est la puissance du bien ; ses
domaines étaient encore entiers, ils étaient immenses, ils s'étendaient jusqu'aux bornes de la
patience d'un gouvernement qui mesure sans
doute sa modération au noble sentiment de ses
droits, et à la conscience de sa durée.

» Le comité directeur pouvait donc conspirer
encore et il conspira, ou plutôt il était sous ce
rapport en permanence, ayant donné ordre à ses
affiliés de saisir toute occasion de conspirer, attendu que la France entière était préparée à une
explosion générale, qui, pour éclater, n'attendait
qu'un signal d'insurrection. D'après ces instructions, chaque *vente de carbonari* épiait donc l'ins-
tant favorable à ses projets. C'est ici qu'il faut vous
parler des complots de Strasbourg, de Thouars,
et plus particulièrement de celui de La Rochelle. »

M. l'avocat-général arrive ensuite au procès actuel ; il en expose les faits avec une grande clarté.
Il apprend comment le 45.ᵉ régiment de ligne se
trouve en butte à Paris aux séductions des *carbonari*, et comment il s'organisa au sein de ce régiment une *vente* militaire, dont le sergent-major
Bories fut en quelque sorte le fondateur et le président. En cette qualité, il communiquait comme
député avec une *vente centrale*, présidée par l'avo-
cat Baradère, lequel communiquait avec la *haute
vente*. Lorsque Bories se crut assuré de ceux qu'il

avait reçus *carbonari*, il leur distribua des poignards qu'il avait reçus des cercles supérieurs. Ce moment fournit à M. l'avocat-général un mouvement oratoire. « C'est sans doute, dit-il, un spectacle abject et déplorable que cette importation des poignards en France, que cette apostasie de l'honneur national. Ici vous voyez, comme dans toutes les autres occasions, les discours des factieux démentis par les actions, car, tandis qu'ils ne cessent d'exalter la gloire militaire, ils voudraient la flétrir en imposant à nos guerriers l'arme des traîtres et des lâches. C'est ainsi qu'on vit leurs aînés, durant la révolution, pénétrer dans les camps, sous le titre de *proconsuls*, pour y déshonorer la victoire par de froides atrocités. Dans ces temps de terreur et d'épouvante les soldats osaient cependant refuser l'office des bourreaux ; faut-il que de nos jours il s'en soit trouvé qui aient prononcé les sermens, et agréé le fer des assassins ! Que cette honte soit leur première punition; leur main qui a touché le poignard sera condamnée à trouver pesante l'épée du brave, et ils baisseront désormais les yeux en passant devant les trophées de leurs frères. Cependant, Messieurs, plusieurs des accusés éprouvèrent une impression pénible en recevant ces poignards. C'est peut-être parce qu'il les vit inquiets et préoccupés, que Bories fit sentir à la vente centrale le besoin de réconforter par quelques moyens leur esprit chancelant. Il en fut référé au comité directeur, qui vota une allocation de fonds. Ces fonds furent remis aux principaux membres de la *vente* militaire pour faire boire les soldats *carbonari*. A la faveur du vin on leur tenait des discours propres à relever leur courage ; on leur disait que l'affiliation des carbonari couvrait toute la France, et que les chefs les plus habiles et les plus renommés composaient le comité directeur. Mais ces orgies et ces propos, loin d'exciter l'enthousiasme de la plupart des conjurés, leur causaient une sorte d'inquiétude en leur faisant pressentir le moment prochain d'une action périlleuse où ils se précipitaient en aveugles, sans autres garanties des ressources qu'on leur promettait que les paroles du sergent-major Bories. La crainte de se compromettre sans espoir de succès, et de se voir abandonnés à leurs propres forces dans une entreprise téméraire, les rendit incrédules et défians. « Prouvez-nous, disaient-ils à Bories, que nous sommes soutenus par des auxiliaires déterminés à nous secourir, et à partager notre bonne ou mauvaise fortune. »

» Le président de la vente du 45.e régiment fit un rapport à la vente centrale sur la position où il se trouvait ; on y eut égard, et il fut résolu que pour inspirer de la confiance aux membres de la vente militaire, on leur enverrait des députés de la vente centrale, chargés de les haranguer et de fraterniser avec eux.

» Comme président, Baradère fut désigné; mais soit qu'il craignît de donner une étendue trop excentrique à ses relations, et de multiplier ainsi les chances périlleuses, soit que tout orgueilleux de frayer avec les hauts et puissans personnages de la vente supérieure, le jeune apôtre de l'égalité dédaignât de s'aboucher avec des carbonari de troisième classe, il fit nommer à sa place l'accusé Hénon, qui a déclaré lui-même avoir accepté, au refus de Baradère, la commission dont il s'agit. On lui donna pour acolytes les accusés Gauran et Rosé.

» Il résulte des aveux d'Hénon, qu'il chercha un local pour y réunir la vente militaire; il s'adressa à Gaucherot, marchand de vin, Montagne Sainte-Geneviève, à l'enseigne du Roi Clovis, et lui demanda une chambre qui pût contenir une quinzaine de personnes. Gaucherot avait une salle commune qui en eût reçu un plus grand nombre; mais il fallait être seuls, et voilà ce qui explique pourquoi Hénon fit choix d'une petite pièce particulière, qu'il fut convenu d'agrandir par la suppression d'une cloison. Les sous-officiers de la vente du 45.ᵉ régiment s'y rendirent en effet par groupes séparés, prétextant que leur réunion avait pour objet un assaut d'armes, bien qu'ils n'eussent point de fleurets, et qu'on n'ait entendu aucun bruit indicateur d'un pareil exercice. Les trois commissaires de la *vente centrale* vinrent de leur côté. En entrant , ils demandèrent à Gaucherot où était la réunion des militaires. Cette réunion est constatée par les dépositions de Gaucherot et de sa femme , ainsi que par les déclarations d'Hénon, de Goubin, de Pomier, de Bicheron et de Raoulx.

» Après avoir vidé quelques flacons, on aborda le véritable sujet de la réunion. Gauran et Rosé se félicitèrent de se trouver avec de braves militaires ; et , par suite de ce compliment , ils cherchèrent à monter l'esprit de leurs convives au ton du discours que l'orateur Hénon avait composé, d'après les idées de Baradère. On fit silence, Hénon prit la parole ; il débuta par l'éloge obligé des armées françaises ; il vanta la gloire dont elles se couvrirent en 1792 , lorsqu'elles marchaient à la conquête de la liberté, et que le bruit de leurs pas ébranlait les trônes de l'Europe. Cette époque où le principe de l'égalité ne fut imposé que le temps strictement nécessaire pour que la fortune et la puissance changeassent de place , et devinssent, au détriment de ceux qui les possédaient, le partage des plus obscurs ; cette époque, où tout-à-coup grandirent tant de nouveaux personnages en montant sur les débris de l'état bouleversé, devaient plaire en effet à des auditeurs subalternes qui croyaient que dans leur intérêt une seconde révolution était indispensable. Après avoir ainsi captivé leur attention par son exorde , dont le sens indiquait la recette des fortunes militaires, l'orateur leur donna le grand et mémorable exemple des armées espagnoles, ou plutôt de quelques régimens qui, brisant le frein d'une discipline importune, avaient dicté des lois à leur souverain, à leur pays, et donné le branle aux guerres civiles qui ravagent la péninsule, avilissent l'autorité légitime, répandent le chaos de l'anarchie, le tout pour la plus grande gloire possible de quelques soldats révoltés.

» Ces discours échauffèrent l'imagination des carbonari de la *vente militaire*, et ils se séparèrent enchantés de l'avenir que le prophète Hénon était venu dérouler à leurs yeux. Toute la nuit qui suivit ce beau jour, les trophées des Quiroga et des Riégo troublèrent le sommeil des sergens et des caporaux du 45.e régiment.

» L'entrevue avait si bien réussi, que Bories désirait multiplier de pareils rapprochemens pour électriser sans cesse les membres de sa vente. Dans ce dessein, il conduisit un jour Goubin au Palais-Royal, où cet accusé, ainsi qu'il l'a déclaré, fut tout-à-coup entouré d'un essaim de *carbonari*, qu'il prétend ne pas connaître, mais qui ne s'en disaient pas moins de *bons-cousins*. Ces individus firent complimens aux deux militaires, du bon esprit qui régnait dans leur régiment, appelé à l'honneur de concourir au mouvement insurrectionnel qui allait embraser les départemens de l'Ouest.

» En effet, le régiment devait partir peu de jours

après. Il partait, et toutes les précautions avaient été prises pour qu'il ne trahît point la confiance du comité directeur. On avait distribué de l'argent aux soldats ; on avait donné des instructions à Bories et au capitaine Massias. Ce dernier, bien que n'agissant point en apparence, ne voulant pas éveiller les soupçons, ou compromettre son grade par les signes ostensibles d'une grande intimité avec des sous-officiers, n'en était pas moins resté en rapport avec les carbonari des cercles supérieurs. Ceux-ci voulant ménager la seule épaulette qu'ils eussent dans le 45.e régiment, traitaient ce capitaine avec distinction ; il était à leurs yeux une espèce de président honoraire de la vente militaire, ou plutôt c'était à lui qu'on devait adresser les ordres du comité directeur et le dernier signal de l'insurrection.

» Armés de poignards, munis d'exhortations perfides, approvisionnés de toutes sortes de maximes révolutionnaires, les carbonari de la *vente militaire* se mirent en marche avec leur régiment. Ils arrivèrent à Orléans. Bories, qui était toujours le chef visible de cette *vente*, et qui savait que Massias devait recevoir d'un moment à l'autre l'ordre d'agir, voulut préparer ses complices à ce mouvement prochain. Tous savaient qu'ils étaient engagés par serment dans un complot dont le but était de changer le Gouvernement ; mais la plupart ignoraient quand ce complot devait éclater, et comment il éclaterait. Pour les instruire sur ce point d'une manière uniforme, Bories imagina de les réunir à un grand dîner dans la ville d'Orléans, à l'auberge de la Fleur de Lys. L'accusé Pomier a déclaré qu'il s'y trouva dix-neuf à vingt personnes. Goubin, Raoulx, Asnès, Bicheron, Barlet, Demait, Dutron, Gaultier, Labourée, Lecocq et Thomas avouent qu'ils y ont assisté. L'un d'eux, l'accusé Bicheron, était même le prétexte de cette réunion ; ce carbonari n'avait pas été initié avec l'appareil et les cérémonies d'usage ; il fallait compléter sa réception, et c'était pour y procéder qu'on rassemblerait les *bons-cousins.* A la fin du repas, et après la réception solennelle de Bicheron, le président Bories prit la parole : il dit qu'étant à la veille d'agir, il était important que tous les conjurés connussent bien le plan, le but et les moyens de la conspiration. Il leur rappela d'abord (et l'analyse de ce discours est le résumé fidèle de quatorze déclarations), il leur rappela qu'étant *carbonari*, ils devaient se pénétrer des sermens et des obligations que ce titre leur avait imposés ; que le moment de vaincre ou de mourir pour la liberté était arrivé ; que selon toute apparence , le régiment n'irait pas jusqu'à La Rochelle, et qu'il s'arrêterait après l'étape de Tours, c'est-à-dire, à Sainte-Maure, où commencerait l'exécution ; que la destination présumée du 45.e régiment, d'après le plan général, était de se joindre aux insurgés

3..

du pays , et de marcher sur Saumur , dont les portes lui seraient livrées par la garnison qui était gagnée ; il ajouta qu'il attendait chaque jour ses dernières instructions , et qu'il les recevrait sans doute à Tours. »

M. l'avocat-général continue le récit des faits ; ce récit est semé d'incidens remarquables , d'anecdotes piquantes. Chaque station du 45.e régiment abonde en détails de ce genre ; enfin il arrive à La Rochelle où des commissaires du comité directeur ne tardent point à se rendre pour apporter le plan de la conjuration. De nombreux témoins et des aveux établissent qu'il s'agissait de faire main-basse sur les officiers , et de se joindre aux carbonari du pays , d'arborer le drapeau tricolore et de marcher sur Saumur , et de là sur Paris. Le jour était déjà fixé lorsque le complot fut reconnu.

L'orateur termine en ces mots la première partie de son réquisitoire.

« Le récit des faits relatifs à ce procès complète, ce nous semble, la démonstration de cette imposante vérité , qu'il existe en France des sociétés secrètes de *carbonari*, gouvernées par un comité directeur , et travaillant sans relâche sous ses ordres à la destruction de la monarchie. C'est-là, en effet, ce que tout homme sensé, dont l'engourdissement de l'indifférence n'a point émoussé le jugement , ne peut se refuser d'admettre après tout ce que nous venons d'exposer à ce sujet. En résumé, il y verra vingt complots calculés entre eux, et il en conclura qu'une puissance cachée a dû mettre en mouvement ces ressorts nombreux, tous ces rouages compliqués et néanmoins soumis à une monstrueuse harmonie par une seule et même volonté; il y verra les conjurés secondaires agissant simultanément, mais en différens lieux, tenir à leurs adeptes les mêmes discours, révéler les mêmes desseins, et indiquer le comité de Paris comme un Grand-Orient d'où partent la lumière et la foudre. Il en conclura que cette identité de langage, de pratiques et de moyens ne peut provenir que d'un plan uniforme docilement exécuté; il y verra des êtres sans aïeux, sans ressources pécuniaires, étaler tout-à-coup des sommes considérables, faire des dépenses excessives, et répandre à grands frais des semences de corruption; il en conclura que ces agens obscurs sont soldés par de riches commoteurs; il en conclura encore que ceux-ci ne peuvent consentir à répandre leur or, et ceux-là à risquer leur vie, que pour des projets habilement conçus, et pour quelques chances de succès.

« Telles sont, MM. les jurés, les graves réflexions qui ne vous sont point échappées au récit de tant de faits, qui tous se coordonnent avec le système d'une conspiration permanente. Mais ces réflexions qui suffisent pour vous pénétrer du danger imminent où se trouve exposée la société européenne,

ne suffisent pas pour vous éclairer sur la culpabilité individuelle des accusés, et il s'agit maintenant
de discuter, à l'égard de chacun d'eux , l'accusation
qui vous est soumise. »

M. l'avocat-général a commencé sa seconde partie par ces réflexions touchantes , qui ont causé
une vive impression.

« En jetant nos regards sur les accusés, pour
rassembler contre chacun d'eux les charges qui
s'élèvent des débats, nous sommes saisis d'une réflexion pénible. Nous ne voyons sur ces bancs que
des militaires et des jeunes gens à peine à leur
majorité, et nous nous rappelons qu'en effet la
faction osait fonder ses espérances et exercer
principalement sont prosélytisme sur l'armée et
sur la jeunesse.

» L'armée est restée inébranlable , et si quelques soldats ont désiré trouver dans le tumulte
d'une insurrection les chances illusoires d'un avan-
cement, si, tournant contre la patrie des armes
parricides, ils étaient prêts à servir les fureurs de
ceux auxquels ils s'étaient vendus, tout le reste a
repoussé avec indignation les propositions du par-
jure et les offres du déshonneur. Tous ont pensé
que la gloire ne se trouvait que dans l'utilité et
la discipline du courage, qui, livré à lui-même,
n'était que le fléau d'une aveugle barbarie; ils
ont pensé que ce courage, épuré par la fidélité,
devait tout son éclat à cette noble vertu; que,

par conséquent , il y avait autant de mérite
à servir le Roi au sein de la paix, qu'au milieu
des combats, puisque, dans le repos ou dans la
guerre, on pouvait donner d'égales preuves de
cette fidélité, lustre immortel de la bravoure, tou-
chante garantie de la sécurité publique.

» Quant à la jeunesse, à Dieu ne plaise que
nous laissions tomber sur elle d'inflexibles paroles
et une sorte d'anathême. Moins coupable mille
fois que ceux qui, de sang froid, la trompent à
leur profit, elle est à plaindre sans doute, puisqu'elle est abusée. On l'a flattée pour l'empoison-
ner; nous voudrions la louer, au contraire, pour
l'élever au sentiment d'elle-même, hors du piége
où l'on cherche à l'engager; mais qu'importent
les qualités qui la distinguent, si elles ne peuvent la prémunir contre les doctrines dévorantes
qui la consument dans sa fleur? Nous vanterons
si l'on veut en elle, cette soif de connaître, toujours recommandable, alors même qu'elle agran-
dirait la sphère de l'intelligence aux dépens du
bonheur; nous vanterons en elle cette imagination, qui, enhardie sous les orages de nos révolutions, a pris son vol à un âge où naguère l'ame
reposait encore dans la paix des illusions; nous
vanterons cette ardeur précoce qui demain serait
peut-être un foyer de vertus morales et religieuses,
si elle cessait d'être absorbée dans le régime de
l'erreur. Tous ces avantages de la jeunesse ne sau-

raient suppléer à la maturité du jugement et aux leçons de l'expérience. Même en ne l'exhortant ici qu'au nom de son intérêt personnel, ce serait déjà la servir que de l'engager à n'afficher une opinion que lorsqu'elle pourra en combiner les conséquences avec sa position sociale. Elle ne sait pas encore ce qu'elle doit accueillir ou réprouver; elle ignore si plus tard sa raison, ses devoirs, ses alliances ne la forceront pas à rougir du parti qu'elle adopte sans discernement. Un jour viendra que son idolâtrie sera peut-être foudroyée par ces paroles mémorables : *Brûle ce que tu as adoré et adore ce que tu as brûlé.* Pourquoi donc va-t-elle si vite au-devant d'un repentir ? pourquoi aspire-t-elle à se rétracter et à se préparer un triste sujet d'amende honorable et d'abjuration ? quel fanatisme l'entraîne dans une politique aride, que le plus beau privilége de son âge est de ne point comprendre, et qu'elle devrait en effet abandonner à des cœurs flétris que le dégoût a mis hors de la nature, où ils ne trouvent pour dernier aliment que de stériles abstractions et des sophismes glacés ? Mais elle à qui sont prodiguées toutes les promesses de la vie, pour qui va-t elle sacrifier tant d'inappréciables trésors ? Pour des hommes dont le premier soin, s'ils ressaisissaient le pouvoir qui porta l'empreinte de leurs mains sanglantes, serait de comprimer sous leur despotisme de fer cet impétueux essor qu'ils encourageaient quand il fallait détruire, et qu'ils redouteraient s'ils avaient à conserver le fruit de leur usurpation. Que la jeunesse se hâte donc de rompre la funeste alliance dont elle est à la fois l'instrument et la dupe : bientôt le mal serait irréparable. Déjà s'est altéré visiblement le caractère français que rehaussaient naguère les grâces de l'urbanité et les vertus hospitalières. Déjà je ne sais quoi d'inquiet, d'amer et de sombre dénature ce caractère distinctif qui était offert à tous les peuples, comme le type de la civilisation et de la courtoisie. Chaque jour une grossièreté d'habitude et de langage succède au sentiment des convenances; la modestie fait place à une présomption aveugle qui heurte avec arrogance, et les dogmes de la religion, et les oracles de la vieillesse, et les volontés des lois. Une politique atrabilaire tend à isoler les peuples et les hommes que ne ressère plus aucun lien commun. On se sert maintenant des lumières pour retourner à la barbarie, comme de ces flambeaux avec lesquels on descend dans les sépulcres et les abîmes.

» La jeunesse peut surtout concourir à perdre ou à sauver la société. Puissent nos conseils prévenir désormais ses écarts, et n'avoir plus besoin d'être fortifiée par les exemples de punition que notre ministère nous force à réclamer aujourd'hui! »

M. de Marchangy, avant d'énumérer les charges individuelles, discute celles qui sont collectives,

telles que celles des aveux et des poignards. Il in-
siste sur la force qu'ont les aveux en eux-mêmes,
bien qu'on les rétracte postérieurement.

« Cette modification réfléchie, dit-il, cette com-
binaison calculée de la défense est ce qu'on ap-
pelle la jurisprudence des prisons. L'ombre des
prisons vient glacer les premières effusions de la
vérité et des remords, d'ignobles conseils font suc-
céder l'artifice à la franchise, et bientôt la déné-
gation absolue de l'accusé constraste avec la con-
fession de sa culpabilité, consacrée dans ses premiers
interrogatoires. Si ce changement s'opère dans les
causes ordinaires, on devait s'y attendre dans le
procès actuel, où des carbonari ont juré de donner
la mort aux révélateurs des secrets de leur institution. Mais ce à quoi il était impossible de s'attendre
sans faire injure au bon sens des accusés et au
discernement de leurs défenseurs, c'est la mala-
dresse de leurs rétractations. Quelle opinion ont-
ils donc de votre jugement, et qu'osent-ils espérer
de votre crédulité, puisqu'ils ne craignent pas de
substituer aux faits qu'ils avaient d'abord avancés
et qui ont été constatés par toutes les circonstances du procès, des versions si étranges, si bizar-
res, qu'elles n'ont pu être produites que par le
vertige d'une position désespérée ? L'accusation n'a
rien à perdre à cette misérable tactique, car les
premiers aveux des accusés, légalement consi-
gnés, lui sont invariablement acquis. Si nous leur

reprochons la mauvaise foi de leur défense, ce n'est donc que dans leur propre intérêt, et parce qu'ils se privent sans retour de la faveur attachée à ceux qui font le sincère aveu de leurs fautes. »

M. l'Avocat-général trouve ici l'occasion de réfuter les reproches adressés par les accusés à M. le général Despinois, qui, à les entendre, leur a extorqué ces mêmes aveux.

« Nous regrettons, a dit ce magistrat, que M. le lieutenant-général Despinois, assigné à la requête des accusés, n'ait pu se rendre à Paris ; nous le regrettons, malgré l'inconvenance et le danger d'un pareil déplacement ; nous disons l'inconvenance, parce que c'est dégrader le caractère des fonctionnaires que de les traduire, au gré des accusés, à la barre des Tribunaux, pour rendre compte, en quelque sorte, de leur conduite, quand la loi attache à leurs actes une authenticité qui existe jusqu'à preuve de faux. Les fonctionnaires publics ne sont pas les témoins des faits qu'ils constatent, d'après les déclarations qu'ils recueillent dans leurs actes ; ces actes se défendent d'eux-mêmes, et ce serait un étrange abus que de forcer ceux qui les rédigent à se rendre sur les différens points de la France, pour s'y disculper des imputations calomnieuses de tous les accusés qui ont intérêt à détruire ce qui établit la culpabilité. Non, les fonctionnaires publics ne peuvent être ainsi transformés en commis-voyageurs ; et si l'on allègue qu'ils ont employé le faux ou la violence, il faut apparemment qu'on ait à fournir des preuves indépendantes de la comparution de ces fonctionnaires qu'on ne peut contraindre à venir s'accuser eux-mêmes, quand déjà il serait injurieux à leur propre dignité de venir se défendre d'une calomnie; il n'y aurait pas seulement inconvenance, il pourrait y avoir encore danger à déplacer ainsi les dépositaires de la force publique, à les déplacer de certains lieux et en certains temps. Ce serait un moyen de plus dont les conspirateurs ne manqueraient pas d'enrichir leur répertoire. Si M. le lieutenant-général Despinois eût été à Paris, il se fût empressé sans doute, comme M. le Préfet de police, de venir foudroyer, par sa présence, d'indignes calomnies; mais lorsqu'on a attendu le dernier moment pour le faire assigner, lorsque cet officier ne pourrait quitter son poste qu'après avoir requis l'autorisation du ministre de la guerre, et lorsqu'enfin il était assigné par des soldats qui ne l'appellent que pour l'insulter par d'absurdes calomnies, des soldats avec lesquels il n'a rien eu de commun, il a pu se dispenser de paraître, surtout dans l'état d'agitation où sont peut-être les départemens de l'Ouest, par suite de tous les mouvemens insurrectionnels que la malveillance a tenté d'y exciter dans le cours de cette année.

» Nous avons dit que M. le comte Despinois n'avait rien de commun avec les accusés ; et en

effet , MM. les jurés , c'est ici qu'on peut se de-
mander avec surprise , où est le motif de tout le
bruit scandaleux qu'on a fait à l'occasion du général Despinois? Pour avoir été inte rpellé avec
autant de violence et d'audace , a-t-il donc fait
planer son influence sur la découverte du complot?
Non, Messieurs , car il était à Nantes lorsque le
complot a été dévoilé à La Rochelle , où il n'est
arrivé que quelque-temps après , et alors qu'il y
avait eu déjà information militaire et instruction
judiciaire. Est-ce lui qui a présidé aux interrogatoires commencés avant son arrivée à La Rochelle,
renouvelés depuis à Paris , et qui ne portent aucun
caractère de sa présence ? Il n'a pas interrogé un
seul des prévenus, il n'a rédigé ni signé aucun pro-
cès-verbal , aucun des actes de la procédure qui a
été communiquée aux défenseurs , et qui passera
sous vos yeux; en un mot, aucun des élémens de
l'accusation n'émane de son autorité. Il n'a été
question de ce général que parce qu'il a plu à deux
des accusés de lui écrire deux lettres dans lesquelles
ils font l'aveu de leur crime , aveux qu'ils préten-
dent leur avoir été enlevés par violence. Mais ces
deux lettres n'ont été écrites qu'après les interrogatoires judiciaires où ces accusés avaient déjà fait
leurs révélations ; ces deux lettres ne contiennent
que des détails renouvelés depuis encore dans leurs
interrogatoires , tant à La Rochelle qu'à Paris , et
toujours hors de l'influence du général Despinois,

Ces deux lettres, enfin, ne figurent point au procès, et l'accusation n'en fera aucun usage. Nous le répétons, où est le motif des déclamations virulentes dirigées à cette audience contre un serviteur du Roi ? Serait-ce donc parce qu'il eut plus d'une fois l'occasion de comprimer l'audace des factieux, qu'il est devenu leur ennemi personnel ? »

M. de Marchangy discute ensuite les preuves qui résultent des poignards trouvés en la possession des accusés.

« Plusieurs des accusés ont reconnu que des poignards leur avaient été délivrés pour frapper de mort ceux qui révéleraient les secrets de la secte. On verra dans ces poignards une preuve matérielle de l'existence de cette coupable secte, et des projets auxquels elle s'était dévouée. Oui, vainement elle tient cachés et ses réglemens et ses projets : il suffit qu'elle laisse voir son poignard, pour qu'on puisse lire en caractères de sang sur sa lame fanatique, les crimes qu'elle commande et tous ceux qu'elle espère. Quelques accusés, forcés d'avouer qu'ils avaient reçu des poignards, ont essayé d'en cacher la destination véritable. Ils ont prétendu à cette audience qu'ils étaient munis de ces poignards pour en armer les membres d'une Société philanthropique qu'ils avaient formée, et que les sermens redoutables qu'ils prononçaient avaient pour objet de faire respecter les secrets de cette même Société. Des poignards ! des sermens de mort pour des philanthropes! monstrueuse alliance de mots et de pensées qui suffit pour démontrer à quel système d'invraisemblance et d'absurdité on en est réduit, quand on rétracte des aveux sin-cères pour tomber dans la connivence du mensonge. Leurs défenseurs vous diront peut-être que ces poignards ne signifient rien au procès, puisqu'après tout, ils étaient au moins superflus, même en admettant le complot, attendu que des soldats qu'on aurait disposés à une exécution meurtrière, auraient pu se servir de leurs armes accoutumées, et n'avaient pas besoin du chétif secours d'un poignard. Le fait pourrait nous dispenser de répondre, car il est certain, et l'on ne peut le contester, que des poignards ont été saisis sur plusieurs des accusés ; il faut bien admettre qu'ils les avaient pour un but quelconque, et, lorsque ce but est indiqué, tant par les statuts des carbonari que par les aveux de quelques accusés tels que Pomier, Bicheron, Goubin et Raoulx, tout s'explique suffisamment, et le doute n'est plus permis. Nous ajouterons une réflexion qui achèvera d'écarter toute objection à cet égard. C'est que la secte des carbonari se proposait, non-seulement par l'investiture des poignards, de donner à ses affiliés l'arme de la vengeance, mais encore de les lier en quelque sorte à son parti infernal par l'attouchement tragique de ces poignards, de frapper leur imagination par un appareil dramatique et mystérieux , de rendre leurs impressions durables , en les rendant fortes par de terribles engagemens et des pratiques barbares ou romanesques. Il y a plus, et nous en attestons les frémissemens de terreur dont ces murs ont été trop de fois les témoins à la vue d'un poignard , cette arme, telle que l'ont faite les passions et les fureurs des hommes , est devenue , pour ainsi dire , une arme sinistre comme la mort, imposante et formidable comme tout ce qui fait vibrer puissamment les plus sombres pensées, et suscite des émotions surnaturelles. Mais l'influence du poignard se fait surtout sentir à celui qui ose le toucher. Quand il le prend, il ne sait plus quand il pourra le quitter : l'alliance est plus durable qu'il ne pense ; il s'établit entre lui et l'arme scélérate une attraction mutuelle contre laquelle il lutte péniblement. Si le poignard est à son chevet , il agite son sommeil ; s'il est à sa ceinture , il trouble son cœur ; s'il le cache au fond d'un bois , il se sauve épouvanté comme s'il était poursuivi par toute la nature. Et vous qui m'écoutez en silence , vous étonnerez-vous encore que le génie d'une secte ténébreuse ait voulu s'attacher ses initiés en leur faisant présent d'un poignard !

» Le poignard est donc , dans la cause , une preuve de l'affiliation à la secte : c'est une sorte de diplome attestant à la fois et la réception dans le complot et l'aptitude au crime. On voit en effet

(49)

des poignards dans les mains de tous les *carbonari* européens. C'est un de ces poignards qui
frappa l'infortuné Kotzbuë ; un de ces poignards
fut trouvé sur l'exécrable Louvel. »

M. l'avocat-général discute ensuite les charges
particulières aux accusés de la première classe , et
après cette discussion qui seule s'est prolongée
plusieurs heures , il a établi comment le point de
droit se trouvait en harmonie avec le point de
fait , dans les crimes ordinaires. La loi n'assimile
la tentative du crime au crime lui-même , que si
elle a été suivie d'un commencement d'exécution,
et si elle n'a manqué son exécution que par des
circonstances indépendantes de la volonté de son
auteur ; mais M. de Marchangy a prouvé par les
combinaisons des divers articles du Code , qu'il
n'en était pas ainsi en matière de conspiration, où
il suffit pour qu'il y ait crime , qu'il y ait simple
résolution d'agir, concertée et arrêtée entre deux
conspirateurs ou un plus grand nombre , sans
qu'il y ait eu aucun acte commis pour parvenir
à l'exécution.

« En statuant avec cette mâle sévérité, a dit
M. de Marchangy, le législateur s'est élevé à de
hautes considérations, et d'abord il a pensé qu'il
y a une partie du mal opérée, même par le simple
projet de conspirer. En effet, toute résolution de
conspirer suppose un embauchage moral et un
travail de perversité dont une nation peut porter

4

long-temps les marques. L'édifice social n'est point renversé, mais le terrain est miné et résistera bien moins à la secousse prochaine ; le sang n'a point coulé, mais qui nous dira dans combien de cœurs on a répandu le venin, et quel peu d'efforts il faudrait encore pour achever de ruiner une foi chancelante et une fidélité ébranlée ?

» Il y a plus : un gouvernement ne peut trouver sa sûreté que dans la punition des résolutions de complots ; car il serait sans capacité pour réprimer la consommation du complot, dont le succès aurait pour premier effet de substituer un nouvel ordre de choses, sous lequel, ce qui la veille était criminel, ne manquerait pas le lendemain de défenseurs et d'apologistes. Où est la possibilité d'atteindre des criminels qui trouvent dans l'exécution même de leur crime, sauve-garde et protection ? Quand un complot a réussi, ce n'est plus au conspirateur à trembler, c'est à l'autorité légitime. Nos récentes annales en offrent de tristes exemples. Pour n'avoir pas puni les simples résolutions d'agir, on fut plus d'une fois réduit, de nos jours, à subir l'ignominie d'une puissance usurpée, et à se taire devant des forfaits amnistiés. L'inaction des lois au 13 juillet, fit éclore la journée du 14 ; et pour n'avoir point arrêté les projets du 10 août, cette autre journée fut offerte comme une journée glorieuse et nationale, tandis qu'elle n'était que le triomphe d'une troupe de révoltés mercenaires,

poussés par des hommes dont l'audace et les principes sont devenus l'héritage des conspirateurs
d'aujourd'hui. Disons-le donc : le législateur doit
surtout frapper le projet d'un complot, parce que
le crime, s'il était consommé, échapperait à la vindicte publique, et se ferait absoudre et couronner
par une aveugle fortune ; mais s'il eût été illusoire
de ne déclarer punissable que la consommation
du complot, c'est-à-dire, le succès du crime, il
eût été imprévoyant de ne qualifier crime que le
complot accompagné d'attentat ; car entre le complot, c'est-à-dire, la résolution d'agir et l'attentat,
c'est-à-dire, l'acte commis pour parvenir à l'exécution du crime, il y a un immense intervalle,
dont la malveillance aurait pu prendre possession
pour le couvrir de provocations contagieuses, de
projets séditieux, de machinations infernales. Elle
eût pu à loisir y concerter son plan d'attaque, y
rassembler les élémens combustibles, et le tout
sans craindre la loi, attendu qu'on n'aurait pas
encore apporté la flamme qui doit causer l'embra-
sement, et qui seule peut être considérée comme
le commencement de l'exécution.

» Les intérêts de la patrie sont donc trop gra-
vement compromis, lorsqu'il s'agit de complot,
pour que la loi puisse se fier à ses règles com-
munes ; elle a dû en proclamer de spéciales, capa-
-bles d'intimider les conjurés, et voilà pourquoi
elle punit également ou les complots ou l'attentat

résultant du complot. Dans la cause que nous dis-
cutons, y a-t-il eu complot, c'est-à-dire, résolution
concertée et arrêtée entre deux ou plusieurs conspirateurs ?

· » Oui, puisque les accusés sont *carbonari*, que
chacun d'eux a été reçu par plusieurs, et que,
lors de leur réception, ils ont appris sous serment qu'il s'agissait de conquérir la liberté à main
armée, de se procurer à cet effet des armes, et
d'obéir aveuglément aux ordres supérieurs ;

· » Oui, puisque, soit dans la vente centrale présidée par Baradère, soit dans la vente militaire
présidée par Bories, on était convenu que, quelle
que fût la divergence des opinions à l'égard du
gouvernement futur, il fallait d'abord commencer
par détruire le gouvernement actuel ;

· » Oui, puisque les carbonari de la vente militaire se trouvèrent au cabaret de Gaucherot, à
l'enseigne du *Roi Clovis*, où Hénon les harangua,
et leur proposa l'exemple des armées espagnoles,
en leur promettant des grades au nom de la vente
suprème;

» Oui, puisque Bories, ayant assemblé ses complices, au nombre de dix-huit, à l'auberge de *la
Fleur de Lys*, à Orléans, les entretint du complot,
et leur dit que l'exécution aurait lieu probable-
ment à Sainte-Maure, d'où l'on irait rejoindre les
révoltés à Saumur ;

» Oui, puisque les conjurés se réunirent le

10 mars, dans une auberge du village de Lafond, et qu'après s'être concertés sur le complot, ils délibérèrent ensemble sur ce qu'on ferait des officiers du 45.e, et décidèrent qu'on les renfermerait dans la tour, et qu'ensuite on déploierait le drapeau tricolore ;

» Oui, puisque le 16 du même mois, une autre réunion eut lieu entre les conjurés, dans une auberge de La Rochelle, ayant pour enseigne *la Boule d'Or*, où il fut arrêté, d'après le plan adopté par les émissaires de Paris, qu'il fallait qu'au moment où l'on battrait la générale, les carbonari s'emparassent des avenues du quartier, tandis que le général des insurgés s'y porterait avec une partie de la garde nationale. »

M. de Marchangy arrive ensuite à ceux qui sont prévenus de n'avoir point révélé le complot.

« Le délit de non-révélation, a dit ce magistrat, est, nous le savons, un de ceux qu'une fausse philanthropie affecte de prendre sous sa protection, et depuis quelque-temps on s'efforce de faire considérer les révélations comme de lâches complaisances envers le pouvoir, comme les faiblesses d'une ame timorée. A la vérité, la plupart de ceux qui tentent d'accréditer ce dangereux paradoxe, ont leur raison pour en agir ainsi, de même qu'ils demandent l'abolition de la peine de mort dans les délits politiques, afin que l'on puisse conspirer plus commodément ; de même aussi ils veulent proscrire les révélations, pour que les complots soient plus rarement découverts. On objecte que de pareilles opinions ont pu être professées par des citoyens estimables et amis de leur pays. Eh bien, s'ils aiment leur pays, par quelle étrange contradiction repoussent-ils de leurs dédaigneux préjugés, ceux qui peuvent le sauver d'un péril imminent et certain, en divulgant des machinations criminelles? Comment peuvent-ils mettre dans la balance le salut de l'État avec leur compassion irréfléchie, pour l'être odieux dont l'ambition a besoin des désastres publics et des guerres civiles? On regarderait comme un complice celui qui laisserait brûler la mèche dont la flamme va bientôt allumer l'incendie, et l'on voudrait protéger celui qui laisse ourdir un complot dont le but est de bouleverser un royaume !

» Remarquons ici la confusion des notions du bien et du mal, et une sorte de rétrécissement de conscience, qui n'admet plus les mâles devoirs, et qui mutile les grandes obligations, pour les proportionner à une faiblesse, à une défaillance morale, que l'on ose décorer des noms de modération et d'humanité.

» Pour dissimuler encore davantage cette déplorable extinction de l'esprit national, ou plutôt pour isoler le pouvoir de toute affection, et le mieux livrer aux coups des factieux, les maîtres des doctrines nouvelles ont prétendu que c'était à ce pouvoir à se maintenir comme il l'entendrait; que l'exécution des lois et la découverte des complots étaient son affaire, et non celle des citoyens, qui payaient pour être gouvernés. Voilà donc à quoi les nouveaux publicistes ont réduit l'amour de la patrie! Ils voudraient la donner à ferme pour n'avoir plus à s'en occuper! Le pouvoir n'est pas un impôt, une charge publique; c'est une condition de la vie sociale; c'est une mise en communauté, pour le profit général, de toutes les volontés et de toutes les forces individuelles : on ne peut donc en retirer ce qu'on y a mis, sans renoncer à toute existence civile. Qu'importe qu'un pouvoir soit institué, s'il est trahi et délaissé par l'indifférence des citoyens? qu'importe que les lois soient proclamées, si chacun peut en amortir l'exécution par des préjugés et des opinions arbitraires ?

» La sagesse de tous les peuples a dit *que le salut de l'État soit la loi supréme ;* et aujourd'hui on querelle le législateur d'avoir fait quelque chose pour le salut de l'État , en infligeant une peine légère, une peine correctionnelle à ceux qui ne divulgueraient pas les complots dont ils auraient connaissance; à ceux qui, coupables d'une réticence funeste, semblent bien moins arrêtés par un sentiment déplacé d'humanité, qu'ils ne semblent séduits par les complots que favorisent d'indignes ménagemens.

» Nous insistons sur ces principes, parce qu'il est trop commun, en de pareilles causes, d'entendre des défenseurs traiter l'obligation de révéler, de disposition immorale, digne des conceptions de Tibère. Dans leur zèle sophistique, ils assimilent les révélateurs obligés à ces vils délateurs que repoussaient avec mépris les Trajan et les Titus, et qui, encouragés sous le régime de la terreur, sont retombés de nos jours dans le mépris, dont les services même ne sauraient jamais les affranchir. Les délateurs sont ceux qui, sans y être engagés par la loi, découvrent un fait particulier, plutôt pour satisfaire leur haine ou leur ambition, que dans l'intérêt de la chose publique. Les révélateurs, au contraire, sont ceux qui divulguent ce qui doit être divulgé au nom de la loi et de la sûreté générale. Le délateur est celui qui, sans devoir ni mission, indique le refuge d'un proscrit, ou trahit les épanchemens de l'amitié, en dénonçant une opinion. Le révélateur garde le silence sur tout ce qui ne compromet pas la sûreté de l'État, car il n'est pas obligé à autre chose, par une loi trop humaine et trop morale pour avoir exigé des citoyens une exploration inquisitoriale.

» Au surplus, ceux des accusés auxquels nous reprochons de n'avoir pas révélé le complot qu'ils ont connu dans ses circonstances, doivent d'autant moins se plaindre, que tous, ou du moins la plupart, ont peut-être à s'imputer plus que leur silence ; et vous allez juger, en effet, combien les magistrats ont usé de modération à leur égard, en ne les traduisant devant cette Cour que pour le délit de non-révélation. »

M. de Marchangy, après avoir discuté les charges propres aux accusés non-révélateurs, a terminé par la péroraison suivante :

« L'accusation est épuisée, et cependant, MM. les Jurés, on se demandera peut-être si notre tâche est remplie, quand la puissance mystérieuse et cachée que nous avons tant de fois signalée, dans le cours de ces débats, comme la source de tous les désordres, est encore à l'abri des foudres de la justice, et trame peut-être de nouvelles conjurations ? On se demandera si elle est remplie, quand nous ne vous appelons à sévir que contre des agens subalternes, qui seront aisément remplacés par d'autres adeptes non moins obscurs, race toujours renaissante, sous le souffle corrupteur qui l'a fait éclore ?..... Oui, Messieurs, notre tâche est remplie, parce que nous avons rendu compte à la loi des seuls accusés qu'elle nous avait livrés, et qu'en poursuivre d'autres, lorsque nous n'avons point mission à cet égard, ce serait sortir de nos fonctions, et tomber du devoir dans l'arbitraire ; il nous suffit d'avoir brisé la pierre de l'antre et fait pénétrer la lumière à travers les intrigues ténébreuses et les affiliations des conspirateurs ; il suffit d'avoir arraché le masque dont ils se couvraient, et indiqué leurs pratiques, leurs ressources, leurs moyens de corruption. Ce serait sans doute un triomphe éclatant pour la vindicte publique, si les chefs d'un comité suborneur étaient judiciairement connus et punis; mais ce serait une victoire encore plus désirable, parce qu'elle serait plus décisive, si, ne pouvant atteindre ces individus, on s'attachait à détruire les principes qui font leur crédit, leur force, leur audace. Celui qui arrête la tempête ne s'adresse pas aux flots, mais aux vents qui les agitent, et le calme est rétabli : de même, le législateur qui veut en finir avec les révolutions, ne s'attache point aux effets, mais à leur cause ; car ici la question est moins dans les personnes que dans les choses. Si l'état de délabrement politique et moral où languit l'Europe entière ne changeait pas, qu'importerait au salut de la patrie la disparition de quelques êtres pervers ? Le reste de la génération n'en respirerait pas moins un air contagieux. La justice, qui peut bien réprimer les égaremens isolés et les désordres partiels, deviendrait insuffisante si l'épidémie était générale. Si, au contraire, le secret de la vie sociale est retrouvé, les perturbateurs n'attendront pas l'action de la justice, et reviendront bientôt à l'ordre, comme on les a vus naguère revenir de l'anarchie au despotisme. Oui, notre tâche est remplie, si cette cause fait sentir de plus en plus que ce n'est pas seulement avec les moyens ordi-

naires et le courant administratif ou judiciaire,
mais par des institutions élevées qu'on peut réprimer le débordement d'une faction qui, par
degrés, est devenue une impulsion vers le mal,
puis l'organisation du mal, puis la direction et
la souveraineté du mal étendant ses conquêtes
sur tous les peuples ; en telle sorte que, se sen-
tant maintenant assez forte pour être offensive
et intolérante, elle menace, intimide et persécute.
Ses pensées sont des complots, ses mouvemens
des insurrections, sa parole est le scandale, son
souffle est l'incendie.

» Si nous osons nous abandonner à ces réflexions qui semblent appartenir au publiciste plus
qu'au magistrat, c'est que la cause qui sort elle-
même des bornes judiciaires pour répandre un
intérêt lumineux sur la situation européenne, nous
en fournit naturellement le sujet, en nous offrant
une preuve irrécusable de l'instinct qui nous
pousse vers de fortes institutions. Lorsqu'en effet
nous voyons une jeunesse ardente se plonger
toute vive dans l'ombre des sociétés secrètes, où
elle accepte une aveugle obéissance, se soumet
aux ordres absolus d'une hiérarchie invisible, et
souscrit contre elle-même des sermens qui peuvent
devenir des arrêts de mort ; lorsqu'enfin elle choi-
sit par goût ce que le plus rigoureux despotisme
craindrait de lui infliger, ne prouve-t-elle pas
assez combien le cœur humain est fait pour la

discipline et le servage des devoirs , puisqu'il
cherche jusque dans l'erreur et dans le crime le
simulacre de quelqu'institution qu'il eût accueillie
avec transport si elle lui eût été préparée dans le
sein de la morale et de la vertu.

» Oh ! que ce serait un noble et imposant spectacle que de voir au faîte de la civilisation d'où
les empires tombent et s'écroulent, une monarchie
toute chargée de glorieux souvenirs , méditer une
nouvelle ère de force et de prospérité , là où les
peuples anciens n'ont trouvé que la corruption et
la mort. Ainsi seraient vengées les lumières, que
l'on a souvent accusées de dissoudre les sociétés ,
et qui enfin auraient servi à nous éclairer sur les
écueils où tant d'autres se sont brisées.

» Puisse cette régénération politique illustrer le
règne des Bourbons ! Mais la sagesse la plus con-
sommée ne peut l'opérer qu'avec lenteur ; car les
plus belles institutions viennent des mœurs, et les
mœurs ne prennent naissance que dans le culte
des foyers domestiques et les coutumes héréditaires. Si avant qu'on nous ait préparé ces garanties, si avant qu'on ait su remplir ce vide immense
où s'égarent les esprits , le désordre se manifeste
encore , c'est à nous qu'il appartient de veiller
autour du sanctuaire où méditera la prudence du
père de la patrie, pour que les perturbateurs ne
viennent point troubler ses conceptions salutaires.
Dans cet interrègne forcé des institutions nou-

velles , la justice doit sentir redoubler son zèle et sa vigueur ; vous êtes donc , Messieurs , un des plus fermes supports de la société , vos sermens sont sa dernière espérance. Les factieux , en s'efforçant d'ébranler les consciences du jury français, prouvent assez ce qu'ils auraient à gagner par sa faiblesse , et à redouter de sa fermeté.

» Leurs menaces sont les cris de leur impuissance ; ils sont faibles , puisqu'ils essayent de corrompre ; ils ne seront forts que si vous renoncez à l'être. Ce n'est pas que nous cherchions à dissiper les vaines terreurs dont leur secte voudrait vous entourer, car vous seriez trop heureux d'avoir quelque grand sacrifice à faire à l'honneur et à la vertu. Ah! s'il était possible que quelque chose pût ajouter à la noble volupté qu'éprouve l'homme de bien remplissant un devoir, c'est le sentiment du péril, c'est le péril lui-même, qui fait de ce simple devoir une gloire impérissable! Oui, s'il était vrai que vous fussiez en butte au poignard , que la torche incendiaire fût à vos portes, que vos noms, inscrits sur un livre de sang , fussent promis à un avenir de terreur , loin de vous dissimuler ces dangers , nous vous applaudirions d'avoir à les braver dans l'intérêt de vos sermens , nous nous applaudirions d'avoir à les partager avec vous. Honte éternelle à ceux qui , au lieu de fouler à leurs pieds de semblables craintes , les auraient laissé monter jusqu'à leurs cœurs! Quant à vous,

Messieurs, si vous n'avez point à les combattre, tenez-vous en garde contre d'autres ennemis d'autant plus dangereux, qu'ils se cachent sous une apparence d'humanité. Défiez-vous de ces sophismes perfides, de ces déclamations hypocrites, de tous ces piéges modernes que l'on ne cesse de tendre au jury. On attend de sa complaisance le prix des éloges insidieux qu'on a prodigués à son institution nationale ! Faites voir qu'elle est en effet nationale, en sauvant vos concitoyens des efforts du conspirateur ; et qu'on puisse dire à votre louange : « Si c'est à Paris que s'est organisé un comité corrupteur qui a mis à l'entreprise le bouleversement de la société, c'est aussi là qu'il s'est trouvé des hommes intègres et inébranlables qui ont brisé les instrumens des complots, et prouvé que, dans la capitale des lys, fleurissaient encore l'amour de la justice et la fidélité. »

Le réquisitoire de M. l'avocat-général a occupé l'audience pendant cinq heures.

F I N.

(Se vend chez Auguste SEGUIN *, libraire, Place-Neuve, à Montpellier.)*

A MONTPELLIER, chez M.me V.e PICOT, née FONTENAY, seul imprimeur du Roi.